1001 cosas que buscar de vacaciones

Hazel Maskell
Ilustraciones: Teri Gower

Con la colaboración de la diseñadora Nelupa Hussain
Redacción: Anna Milbourne

Traducción: Gemma Alonso de la Sierra

Redacción de la edición española:
Cristina Fernández Martínez e Isabel Sánchez Gallego

Sumario

Busca y cuenta

El libro te lleva de vacaciones a varios lugares del mundo. En cada una de las escenas deberás hallar un número determinado de cosas, hasta alcanzar un total de 1001. En las páginas 30 y 31 se reúnen otros cuantos objetos que también están escondidos en las escenas.

Estos dibujos te indican lo que tienes que buscar en cada escena.

El número te muestra cuántas de esas cosas debes encontrar.

A María le encanta viajar y este año ha decidido dar la vuelta al mundo durante sus vacaciones. A ver si logras encontrarla en cada una de las escenas.

En el avión

5 camisas de flores

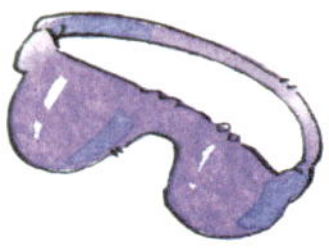

8 antifaces

2 sombreros de paja

7 bandejas de comida

9 almohadas de viaje

6 refrescos de naranja

10 auriculares

3 maletas de lunares

8 tarjetas de seguridad

9 revistas de pasatiempos

El parque acuático

3 socorristas

4 camareros

9 copas de helado

8 sombrillas de paja

10 manguitos amarillos

5 aros rojos

2 banderas pirata

9 gorros verdes

7 delfines hinchables

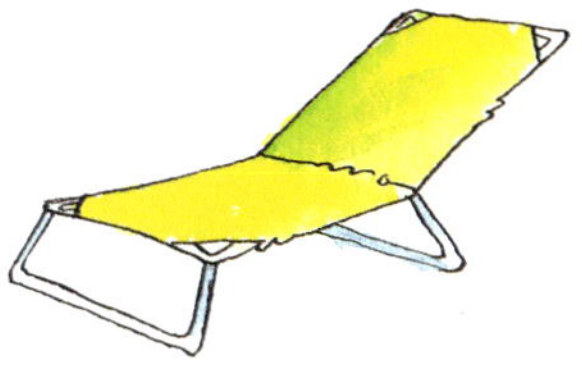

10 tumbonas

Una fiesta en la playa

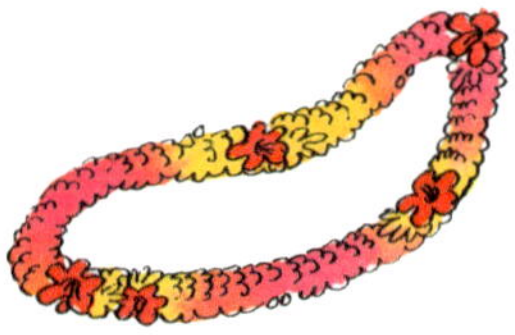

9 guirnaldas de flores

10 vasos de ponche

8 mazorcas de maíz

9 rodajas de sandía

3 yates

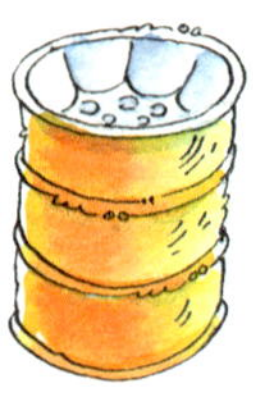

7 tambores metálicos

6 pelotas de playa

1 tarta de helado

8 palmera

10 farolillos de papel

El parque de atracciones

4 princesas de las hadas

6 vagones de dragón

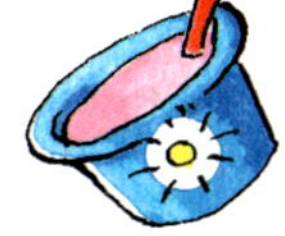

10 tarrinas de helado

9 mesas de merendero

10 osos desfilando

2 trenes fantasma

10 arañas gigantes

8 perritos de peluche

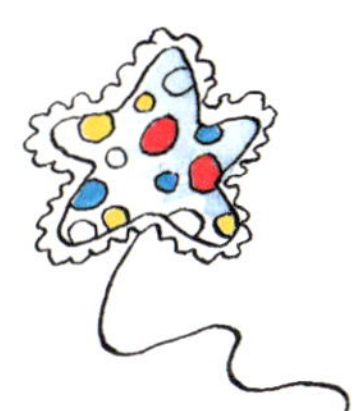

9 globos de estrella

4 troncos

En un rancho

1 casa grande

6 potros

7 caballos castaños

8 mochilas

10 mariposas

9 cantimploras

5 coyotes

8 arrendajos

6 gatos pardos

10 vacas con manchas

En el arrecife de coral

8 aletas amarillas

9 lábridos limpiadores

8 peces payaso

10 peces ángel

4 estrellas de mar azules

7 ídolos moros

10 pargos

1 tiburón cebra

2 pulpos

9 damiselas azules

La colonia de verano

5 cabañas

4 dianas

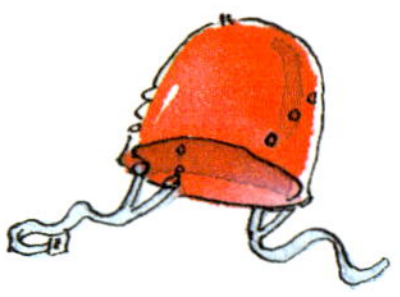

9 cascos de escalada

7 ardillas listadas

8 pelotas de baloncesto

10 remos

6 canoas

10 platos decorados

9 patos

3 camas elásticas

¡Delfines a la vista!

10 delfines

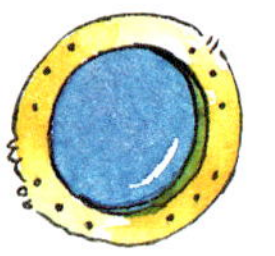

7 ojos de buey

6 focas

1 capitán

9 alcatraces

7 impermeables

8 cormoranes

1 cola de ballena

7 gaviotas

6 barcos de pesca

En la estación de esquí

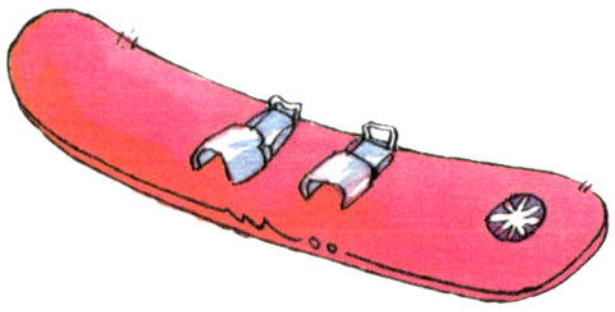

9 tablas de snowboard

10 tazas de chocolate

3 muñecos de nieve

6 postes rojos

6 telesillas

3 sombrillas

4 guirnaldas de luces

7 pájaros con hambre

10 gafas rosas

8 bufandas a rayas

El desfile de carnaval

7 panderetas

3 flores gigantes

10 pompones amarillos

4 zancudos

2 tocados de color rosa

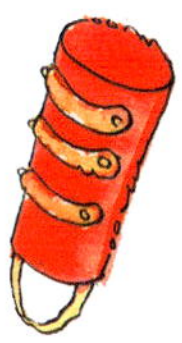

10 sombreros de majorette

5 payasos malabaristas

7 duendes

3 sombrillas

4 bufones

De safari

10 cebras

6 cachorros de león

8 nidos de tejedor

10 suricatas

7 hienas

3 crías de elefante

9 antílopes

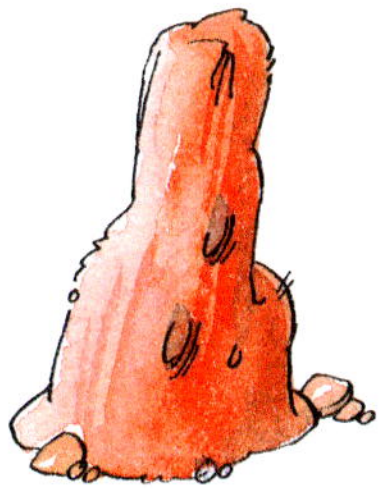

4 termiteros

5 gorros caqui

2 todoterrenos

De campamento

5 tiendas verdes

7 muslos de pollo

8 tortitas

10 platos de alubias

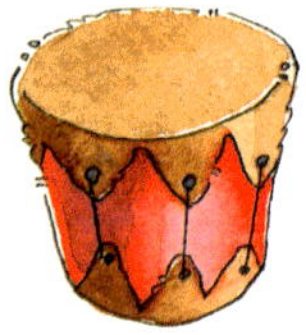

5 tambores

8 murciélagos

5 sacos de dormir a rayas

3 guitarras

10 pinchos de nubes

9 mazos

Navidades en la nieve

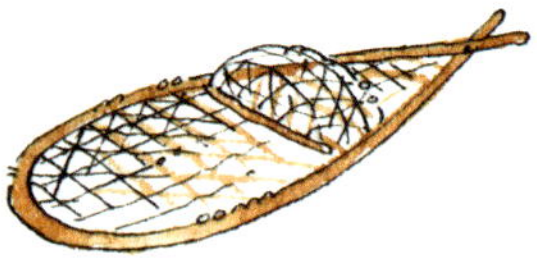

8 raquetas

5 perros husky

6 ardillas

7 gorros rojos y blancos

9 renos

6 trineos amarillos

5 árboles con luces

9 faroles

4 arreos con cascabeles

10 cisnes

La tienda de la estación

María ha entrado en la tienda de una estación de tren para comprar unos regalos. Aquí venden muchas cosas prácticas para distintos tipos de vacaciones. Busca en las páginas anteriores los objetos que aparecen abajo.

9 gorras azules y blancas

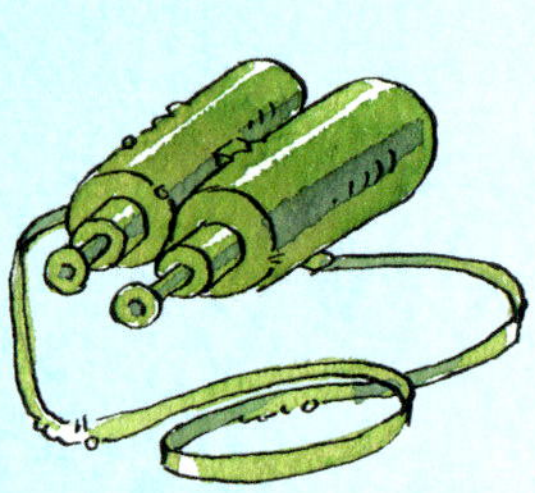

6 prismáticos

6 cuentos de fantasmas

8 revistas

10 gorros con estrellas

8 toallas a rayas

9 sombreros de vaquero

6 cajas de lápices

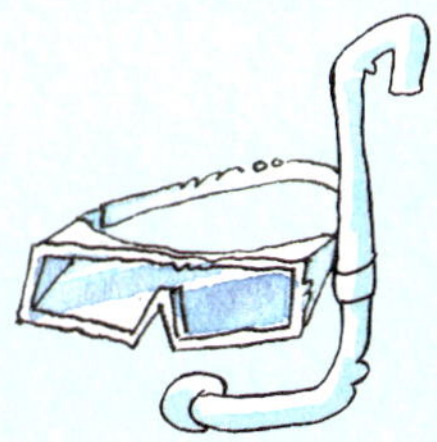

4 cámaras sumergibles

6 gafas de buceo blancas

10 guías de viaje

7 camisetas playeras

8 orejeras

6 brújulas

7 piruletas gigantes

6 barajas

Soluciones

¿Has encontrado todas las cosas que venden en la tienda de la estación? Por si acaso, aquí tienes las soluciones:

6 prismáticos
De safari
(páginas 24-25)

9 gorras azules y blancas
¡Delfines a la vista!
(páginas 18-19)

6 cuentos de fantasmas
De campamento
(páginas 26-27)

8 revistas
La colonia de verano
(páginas 16-17)

10 gorros con estrellas
En la estación de esquí
(páginas 20-21)

8 toallas a rayas
El parque acuático
(páginas 6-7)

9 sombreros de vaquero
En un rancho
(páginas 12-13)

6 cajas de lápices
En el avión
(páginas 4-5)

10 guías de viaje
El parque de atracciones
(páginas 10-11)

6 gafas de buceo blancas
En el arrecife de coral
(páginas 14-15)

4 cámaras sumergibles
En el arrecife de coral
(páginas 14-15)

6 brújulas
De campamento
(páginas 26-27)

8 orejeras
Navidades en la nieve
(páginas 28-29)

7 camisetas playeras
Una fiesta en la playa
(páginas 8-9)

6 barajas
En el avión
(páginas 4-5)

7 piruletas gigantes
El desfile de carnaval
(páginas 22-23)

Deseamos expresar nuestra gratitud a los doctores Margaret y John Rostron por su asesoramiento en ciencias naturales.
Se agradece asimismo la colaboración de Nick Wakeford e Ian McNee por la ayuda prestada para finalizar las ilustraciones.